AF596864

EPREUVE
DE
CARACTERES,

Qui se fondent dans la Nouvelle

FONDERIE DE CARACTERES

DE

ISAAC & JEAN ENSCHEDE

à HAARLEM.

Deuxieme Edition augmentée.

Augmentée & ameliorée jusqu' à l' An 1748.

De BOEK-DRUKKONST, drie Eeuwen oud, door Koſter voortgeteeld
Uit Beukeſchors in 't Haerlems Hout, aanſchouwd haars Vaders Beeld
Op dit Papier, en roept verblyd: *Dit Mannelyk Gelaat*
Zy aan de Onſterflykheid gewyd zo lang de Waereld ſtaat!

ADVERTISSEMENT

pour Meſſieurs les

IMPRIMEURS

ET

MARCHANDS LIBRAIRES.

ous vous montrons par cette Epreuve les Lettres, qui ſe fondent deja à nôtre Fonderie, & qui à nôtre ſentiment ne cedent en rien aux meilleures connuës en Europe.

Le Sieur Rudolphe Wetſtein *à* Amſterdam, *depuis peu y decedé, grand connoiſſeur & amateur de l'Imprimerie, avoit en premier lieu erigé cette Fonderie, & s'eſt ſervi en cela de l'habilité d'un grand Maitre en fait de Poinçons, qui a fait tous ceux de ces Lettres: Mais à peine le Sieur* Wetſtein *avoit-il mis les choſes en quelque état, qu'il vint à mourir vers la fin de l'année* 1742, *& nous eûmes par-là occaſion d'acheter cette Fonderie au commencement de l'année* 1743, *& depuis nous n'epargnons ni peine ni depenſes, pour la rendre plus complete & parfaite.*

Les Lettres Grecques, *qui ſe trouvent dans cette Epreuve ſe trouvoient pluſieurs années auparavant ſeulement chez la Famille des* Wetſteins, *qui en avoit fait faire les Poinçons à ſes depens, & imprimés quelques ouvrages en Grec avec ces Lettres.*

Les Lettres de cette Fonderie, taillées par ce grand Maitre, ont, outre la beauté & netteté extraordinaire, encore une autre excellente qualité, qu'on ne peut decouvrir dans cette Epreuve, mais ſeulement dans les Lettres mêmes, ſavoir qu'elles ſont toutes par les Contre-Poinçons *taillées plus profondement, que jamais faiſeur de Poinçons a tenté & pratiqué, de ſorte que ces Lettres peuvent durer & ſervir plus long tems que d'autres, ayant outre cela cet avantage, que la matiere, dont elles ſont formées, eſt plus ſolide, ainſi qu'elles reſtent bonnes & d'uſage la moitié plus long tems qu' à l'ordinaire.*

Nous

Nous sommes d'intention d'augmenter cette nôtre Fonderie *de Lettres de toute sorte de Caracteres, pour la faire une des plus renommées en Europe, & de n'y epargner ni fraix ni peine, & pour faire paroitre* la très noble Art de l'Imprimerie *dans sa plus grande perfection, nôtre Ville ayant sans contredit l'honneur d'en être* l'Inventrice.

Si quelques Savans ou Professeurs avoient envie de faire fondre des Caracteres des Langues Orientales, *nous sommes prêts à leur ordre, de les apprêter le plus correctement & parfaitement, qu'on les puisse faire.*

Nous avons aussi bien de Caracteres de Medicine, d'Astronomie, d'Arithmetique &c. *deja prêts, mais qui n'ont pû encore être placez dans cette* Epreuve, *& quant aux* Fleurs & autres Ornemens, *nous en avons une si grande quantité de meilleurs inventez, qu'ils n'ont pû trouver place dans cette Epreuve, à l'exception de ceux qui bordent les paginas des Caracteres, mais on les a imprimez dans* deux Epreuves *à part.*

Si donc ces Lettres & Caracteres se trouvent à Vôtre gré, nous attendons vos ordres, Vous priant seulement, de nous en avertir à tems, vû qu'autrement peut-être nous ne serions pas en état, de les fondre & delivrer au tems que l'on les souhaite. Nous restons avec bien du Respèt

Vos très humbles & très obeïssans

Serviteurs

ISAAC & JEAN ENSCHEDE.

Groote opgeſlagen Capitalen.

AB

Kleine opgeſlagen Capitalen.

CEM

Paryſe Capitalen.

BCEFJ

AKGQ

Dubbelde Paragon Capitalen.

ABCDE
FGHIJK
LMNOP
QRSWZ

Dubbelde Text Capitalen.

ABCDEFI
GHJKLM
NOPQRSY
TUVWXZ

Dubbelde Augustyn Capitalen.

ABCDEFGH
IJKLMNOP
QRSTVUW
XYZÆ-,;:.

Dubbelde Mediaan Capitalen.

ABCDEFGHIJ
KLMNOPQRS
TVUWXYZÆ

Dubbelde Descendiaan Capitalen.

ABCDEFGHIKL
MNOPQRSTUV
WXYJZÆ-',;:.

Dubbelde Brevier Capitalen.

ABCDEFGHIKL
MNOPQRSTUV
WXYZÆJ:;,-

Canon Romeyn.

Typographia, Ars Artium omnium Conſervatrix, hic primum Inventa, circa annum 1440. HARLEMI. & ABSEM

Canon Curcyf.

Non inchoantibus præmium promittitur, ſed perſeverantibus datur. c-*d*-

Kleine Canon Romein.

Deum revereri & praecepta ejus obſervare: hoc eſt totum hominis. Virtute et Genio. abcd efghijklmnopqrſstuvw xyz ABCDEFGHIJK LMNOPQRSTVUY WZÆ; ABCDEFGZJ Æ?:.!

Kleine Canon Curcyf.

Nos ad Patriam feſtinantes mortiferos Sirenum cantus ſurda aure tranſire debemus. Hieronimus. Per Anguſta ad Auguſta. abcdefghijklmnopqrſstuv wxyz.,;:'!??-

Paragon Romeyn.

Illumina oculos meos, ne unquam obdormiam in morte: nequando dicat inimicus meus, Prævalui adverſus eum.
ÆABCDEFGHJKLMNO?
QRSTUVWXYZ§†‡[ꝰ]℣
ABCDEFGHIKLMNOPQRSTUWXYZ
1234567890 VJ ÁÉÍÚ ÀÈÌÙ ÂÊÎÛ
ÄËÏÜ ÃẼĨŨ ſſ ff ſi fi ſl fl ffi ſſi ffl ſſl
q̃q̀q́ m̃ ç ę œſt ! : ; ’ - á è î ï ë ö ű
ñ &c. ct * ⁂ ✠ ‡ ? ę ✠ ℞ ¶ (*)

Paragon Curcyff.

Non inchoantibus præmium, ſed perſeverantibus datur. Het loon word niet aan den beginnende belooft, maar het word aan de volhardende gegeeven.
Homerus de vader der poeſy. multum quihem novi ſeh novi qihilta
acefgklopqrstwxyz.cfghjkprætuw.

Text Romyn.

Lors qu'Aspaſie étoit concubine d'Artaxerxès : On ne ſauroit lui donner moins de vingt ans à la mort de Cyrus : elle avoit donc ſoixante - quinze ans lors qu'un nouveau Roi la demande comme une grace particuliere. PLTGA

ABCDEFHIJKMNOQSU
VWXYZÆ ÆABCDEFGHIJKL
MMNOPQRSTUVWYZ ÇĒŌ℣℞
1234567890†([¶§!?ą́ǫ́/ũm̃ñ

Text Curſyf.

Ciceron menagea toûjours Dolabella le plus doucement qu'il put. Il avoit ſans doute plus d'habileté que de fermeté, & il voioit que le parti de Pompée ſe ruïnoit de plus en plus par les contiuelles victoires de Jules

ABCDEFGHIKLMNO
PQRSTVWXYZ. UJÆ

AUGUSTYN ROMYN.

ULEFELD,ou Ulfeld,Cornifids, ou Corfits, petit-Fils du précédent, a été un des premiers Eſprits du XVII. Siècle; & s'il n'eût pas terni ſa réputation en manquant
a b c d e f g h i j k l m n o p q r ſ s t u v w x y z
ÃĒÕŐĒÇÇ () [*] !!! ?? §*§ †† ¶¶
ħ ẽ ã ã ẽ ẽ ĩ ĩ õ õ ũ ũ ã ã ĩ ĩ ũ ũ õ õ õ ãẽĩõm̃ñ
ABCDEFGHIJKLMNOPQRST
UVWXYZÆ ABCDEFGHIJKLMNO
PQRSTUVWXYZÆ & ct æ œ k w ỳ ℞ ꝰ ç ê
1234567890:; ſſi ffi ſſl ffl ſt ſi fi ſſ ff

Auguſtyn Romyn, num. 2.

Commentateurs d'Ariſtote auroit tout autrement répondu à la queſtion de l'Impératrice, que ne fît Pierre de Damien. Il auroit ſoutenu que le bien public demande & qu'en cette action là, autant & plus qu'en aucune autre, 1 3 4 6 7 8 9 0 ℞ ỳ [†] * ¶ ?)
ABCDEFGHJKLMNOP
QRSTUVWXYZÆ
ABCDEFGHIJKLMNOPQRSTUVWXYZÆ

Auguſtyn Curſyf.

Totum meæ pondus injuriæ Romanis auribus intimare ſtudebo, & tam Epiſcopum quam Canonicos, quoniam primum judicium de illo qui in me malus extitit mutare machinati ſunt, quantum potero perurbabo, ac

ABDEFGHIJKLMNOPQR
STUVWXYZÆ & Et

Mediaan Romyn.

COLONNA (VICTORIA) Dame illuſtre & ſavante. Voiez VICTORIA COLONNA. André cite mépriſe à Rivet. Nous marquons une Lettre ce l'a copié en pluſieurs endroits. Voſſius ne croit point prétend que cet Archevêque de Florence. JAQUES COLUMNA, Dominicain & Hiſtorien a Florence l'a citée quelquefois. Poſſevin parle Antonin, Archevêque de d'un & il jusqu'à l'an Colophonienne. La nomme auſſi attribuelle de quelques Oracles en Vers &c. 1 2 3 4 5 6 7 8 9 0
ABCDEFGHIJKLMNOPQRSTVUWXYZÆ
A B C D E F G H I J K L M N O P Q R S T U V W X Y Z Æ

Mediaan Curſyf.

Il s'en informa à Pomponius Atticus qui ne put l'en bien inſtruire. Il vouloit ſavoir ſi Rutilie étoit morte avant ou après ſon Fils. Rutilia vivo ne C. Cotta filio ſuo mortua ſit, an mortuo? Pertinent ad eum librum quem de luctu minuendo ſcripſimus. Dans une autre Lettre il ſe ſert de ces paboles; de Rutilia, quoniam videris dubitare, ſcrires ad me cum ſcies, ſed quam primum. La Note de Corradus eſt trop curieuſe pour ne devoir pas être rapportée: Mortuo mortua eſt quod mirum?!
A B C D E F G H I J K L M N O P Q R S T
V U W X Y Z Æ. â ê î ô û ä ë ï ö ü

Deſſendiaan Romyn.

Il y a des gens qui les eſtiment beaucoup; quelques Proteſtans mêmes les louent. Mr. Arnoldus indique pluſieurs Paſſages des Ecrivains Catholiques qui ont admiré Rusbroch. Il n'oublie pas les Luthériens qui le louent, &il par le auſſi des Calviniſtes qui en ont jugé favorablement, mais il ne devoit pas mettre de ce nombre François Swertius qui eſt un Auteur bon Papiſte. Apparemment ce qui l'a brouillé eſt de s'être ſouvenu qu'il y a un Livre intitulé Athenæ Batavæ, dont l'Auteur étoit Calviniſte, &c. ſſl ffl ſſi ffi
ABCDEFGHIJKLMNOPQRSTVUWXYZ:?!Æ
ABCDEFGHIJKLMNOPQRSTVUWXYZÆ 1234567890 § * †

DESSENDIAAN CURSYF.

Ciceron menagea toûjours Dolabella le plus doucement qu'il put. Il avoit ſans doute plus d'habileté que de fermeté, & il voioit que le parti de Pompée ſe ruïnoit de plus en plus par les continuelles victoires de Jules Céſar. Il craignoit apparemment que le vainqueur ne ceſſât enfin d'uſer de clémence, & ne ſe défit de ceux qui avoient à l'ame républicaine, avec des talens capables de le traverſer. Te intuens, Dolabella, qui es mihi cariſſimus, non poſſum de utriusque veſtrum errore reticere. Dicerem, &c.

âêîôû äëïöü áéíóú àèìòù ſtſſſſſtſlſſlſſlſſiſſi

ABCDEFGHIKLMNOPQRSTVWX

YZJUÆ 1234567890j:;?!çkwxyzææ

Garmond Romyn.

Lors qu' Aspaſie étoit concubine d'Artaxerxès. On ne ſauroit lui donner moins de vingt ans à la mort de Cyrus: elle avoit donc ſoixante-quinze ans lors qu'un nouveau Roi la demande comme une grace particuliere, & lors qu'un Roi à qui elle avoit appartenu cinquante-cinq ans ne put ſe réſoudre à la céder; il faloit donc qu'à cet âge-là elle eût encore beaucoup de charmes. Cela n'eſt-il pas extraordinaire? Peut-on s'imaginer ſans rire qu'une femme de près de quatre-vingts ans ſoit faite Prêtreſſe, afin qu'aucun homme n'en puiſſe jouïr? A-t-on beſoin alors d'être enga-

ABCDEFGHIJKLMNOPQRSTVUWXYZÆ.

ABCDEFGHIJKLMNOPQRSTVUWXYZÆ.1234566890

Garmond Curſyf.

eut, celle qu'il aima le plus fut Aſpaſia, qui eſtoit fort âgée & toutesfois très-belle, qui avoit eſté putain de ſon feu frere, Darius ſon fils en devint ſi fort amoureux, tant elle eſtoit belle nonobſtant l'âge, qu'il la demanda à ſon pere en partage, auſſi bien que la part du Royaume. Le pere, pour la jalouſie qu'il en eut, & qu'il participât avec lui de ce bon boucon, la fit Prêtreſſe du Soleil; d'autant qu'en Perſe cet-j'entens mieux la Magie, je bois mieux que lui, & je poromieux le vin que lui (29). C'eſt un efféminé, c'eſt un patron, il ne monte pas à cheval lors même qu'il va à la chaſſe,

ABCDEFGHIJKLMNOPQRSTVUWXYZÆ

DESSENDIAAN CURSYF.

Ciceron menagea toûjours Dolabella le plus doucement qu'il put. Il avoit ſans doute plus d'habileté que de fermeté, & il voioit que le parti de Pompée ſe ruïnoit de plus en plus par les continuelles victoires de Jules Céſar. Il craignoit apparemment que le vainqueur ne ceſſât enfin d'uſer de clémence, & ne ſe défit de ceux qui avoient à l'ame républicaine, avec des talens capables de le traverſer. Te intuens, Dolabella, qui es mihi cariſſimus, non poſſum de utriusque veſtrum errore reticere. Dicerem, &c.

â ê î ô û ä ë ï ö ü á é í ó ú à è ì ò ù ſt ſſ ff ſl fl ſſl ffl ſſi ffi

A B C D E F G H I K L M N O P Q R S T V W X

Y Z J U Æ 1 2 3 4 5 6 7 8 9 0 j : ; ? ! ç k w x y z æ œ

Garmond Romyn.

Lors qu' Aſpaſie étoit concubine d'Artaxerxès. On ne ſauroit lui donner moins de vingt ans à la mort de Cyrus: elle avoit donc ſoixante-quinze ans lors qu'un nouveau Roi la demande comme une grace particuliere, & lors qu'un Roi à qui elle avoit appartenu cinquante-cinq ans ne put ſe réſoudre à la céder; il faloit donc qu'à cet âge-là elle eût encore beaucoup de charmes. Cela n'eſt-il pas extraordinaire? Peut-on s'imaginer ſans rire qu'une femme de près de quatre-vingts ans ſoit faite Prêtreſſe, afin qu'aucun homme n'en puiſſe jouïr? A-t-on beſoin alors d'être enga-

A B C D E F G H I J K L M N O P Q R S T V U W X Y Z Æ.

A B C D E F G H I J K L M N O P Q R S T V U W X Y Z Æ. 1 2 3 4 5 6 6 8 9 0

Garmond Curſyf.

eut, celle qu'il aima le plus fut Aſpaſia, qui eſtoit fort âgée & toutesfois très-belle, qui avoit eſté putain de ſon feu frere, Darius ſon fils en devint ſi fort amoureux, tant elle eſtoit belle nonobſtant l'âge, qu'il la demanda à ſon pere en partage, auſſi bien que la part du Royaume. Le pere, pour la jalouſie qu'il en eut, & qu'il participât avec lui de ce bon boucon, la fit Prêtreſſe du Soleil; d'autant qu'en Perſe cet- j'entens mieux la Magie, je bois mieux que lui, & je poromieux le vin que lui (29). C'eſt un efféminé, c'eſt un patron, il ne monte pas à cheval lors même qu'il va à la chaſſe,

A B C D E F G H I J K L M N O P Q R S T V U W X Y Z Æ

GALJARD ROMEIN. N°. I.

De baron van Heyden tot Ootmarſum, gedeputeerde wegens de provintie Overyſſel, is gereverteert en ter vergadering van de Staeten Generael verſcheenen. Giſteren is de baron van Cronſtrom met haar Hoog Mog. Præſident den baron Sloet tot Linderhorſt in geſprek geweeſt, als meede de luytenant generaal baron van der Duyn, die dien morgen van Bruſſel gereverteert is; ook is de generael major Rumph gearriveert, werdende noch verſcheide officieren van de guarde heden of morgen verwagt, zynde de bagagie van dezelve reeds gearriveert. Giſteren avond heeft de Groot-Britt. extr. envoyé en plenipotentiaris de Heer Trevor een Courier van Londen ontfangen.

ABCDEFGHIJKLMNOPQRSTVUWXYZ.

ABCDEFGHIJKLMNOPQRSTVUWXYZ.

1234567890 1½ 2⅓ 3¾ 4⅝ 5 15/16 :;?(!) àààä&ct

Galjart Romyn.

Ce ne fut pas encore tout ce que les Athéniens y perdirent. B Une autre Flotte de cinquante voiles qu'ils envoyoient au ſecours de leurs gens aſſiégés, entra dans une des bouches du Nil fort peu de tems après que la place eut été rendue, dans le deſſein d'aller les dégager, ne ſachant encore rien de ce qui étoit arrivé. A peine y étoit-elle entrée, que la Flotte de Perſe qui tenoit la me vint l'y attaquer par derriére, pendant que l'Armée lui faiſoit des décharges de traits de deſſus les bords de la riviére Il n'en écha pa que quelques Vaiſſeaux, qui percérent au travers de la Flotte ennemie, & tout le reſte y périt. Ainſi finit la funeſte guerre qu

ABCDEFGHIJKLMNOPQRSTVUWXYZÆ[†].?!§

ABCDEFGHIJKLMNOPQRSTVUWXYZÆ. 1234567890.

GALJART CURSYF.

Le Pape Pie IV. ſouhaita, vers le milieu ſeiſiéme ſiécle, que l'on fit un choix des plus belles Fables d'Eſope & d'autres anciens Auteurs, pour les faire mieux gouter aux jeunes gens, & pour les leur faire mieux retenir. Il chargea de l'execution de ce deſſein un des plus habiles Humaniſtes de ſon tems, nommé Faërno. On n'avoit pas alors les Fables de Phedre, qui ne parurent que vint ans après, comme il ſe reconnoît par la Lettre de l'un des Meſſieurs Pithou à ſon frere & par celle de M. Rigant a M. de Thou. Faërne, obeiſſant a l'ordre du Pape, n'avoit aucun excellent modéle, qu'il put imiter, & la mort précipitée ne lui laiſſa pas le loiſir de revoir ſon ouvrage, & de le mettre au point

ABCDEFGHIJKLMNOPQRSTUVWXYZ.

Grote Brevier Romyn.

Je ſai ce qu'eſt Lucrece, elle eſt ſage & discrette, A lui faire preſent mes efforts ſeroient vains, Elle a le cœur trop bon : mais ſes gens ont des mains ; Et, bien que ſur ce point elle les de ſavoue, Avec un tel ſecret leur langue ſe dénoue, Ils parlent, & ſouvent on les daigne écouter. A tel prix que ce ſoit, il m'en ſaut acheter. Si celle-ci venoit qui m'a rendu ſa lettre, Après ce qu'elle a fait j'oſe tout m'en promettre ; Et ce ſera hazard ſi, ſans beaucoup d'effort, Je ne trouve moyen de lui payer le port. CLITON. DOANTE. Certes, vous dites vrai, j'en juge par moi-même, Ce n'eſt point mon humeur de refuſer qui m'aime ; Et, comme * † ‡ § 1 2 3 4 5 6 7 8 9 0

A B C D E F G H I J K L M N O P Q R S T V U W X Y Z Æ.
A B C D E F G H I J K L M N O P Q R S T V U W X Y Z Æ. ? ! -

Brevier Romyn.

J'ai promis dans l'Article du Maréchal d'Ancre de parler ici des réflexions de Balzac, ſur une penſée de Malherbe qui reſſemble à celle de Claudien : je m'aquitte de ma promeſſe. Il eſt vray qu'on parloit ainſi, avant que la Religion Chrétienne eût reformé le langage. On accuſoit les Dieux de tout le mal que faiſoient les hommes. La Providence divine étoit priſe tous les jours à partie, par quelqu'un qui ſe plaignoit que les choſes du Monde n'alloient pas comme il eut voulu. Ce Tyran heureux porte témoignage contre Dieu. C'eſt un ancien mot allegué par vôtre Ciceron; Et il n'eſt rien de ſi vulgaire dans les Vers des Poëtes Payens, que le crime de leurs Dieux, &c.

A B C D E F G H I J K L M N O P Q R S T V U W X Y Z Æ.
A B C D E F G H I J K L M N O P Q R S T V U W X Y Z Æ. 1 2 3 4 5 6 7 8 9 0 * ? †

B R E V I E R C U R S Y F.

Il cauſa mille chagrins à Ciceron.] *Pour ne pas répéter ce que j'ai dit dans l'Article de Dolabella, touchant les nouvelles Tables qu'il propoſa en faveur des gens endettez, je me contente de rapporter une ou deux preuves du chagrin de ſon beau-pere. O dit! s'écrie-t-il dans une Lettre à Atticus, generum ne noſtrum potiſſimum, ut hoc, vel tabulas novas. Quod me audis, dit-il dans une autre Lettre, fractiorem eſſe animo, quid putas, cum videas acceſſiſſe ad ſuperiores ægritudines præclaras egneri actiones? C'étoit un jeune homme qui s'étoit mal comporté. Cœlius le fit entendre adroitement à Ciceron, lorsqu'il le félicita ſur ce mariage : je rapporterai ſes paroles, parce qu'elles contiennent le compliment que l'on feroit aujourd'hui en pareil cas. On excuſeroit le paſſé ſur la jeuneſſe,*

&c. âêîôû äëïöü áéíóú àèìòù ſſ ſſ ſi ſl ſſi ſſl ffi ffl fi fl æ œ k w ct &
ABCDEFGHIKLMNOPQRSTVWXYZ. JUÆ.

Collonel Romyn.

Religio, cauſæque viam non ſponte ſequebar, Alterius, vacuo quæ currere ſemina motu affirmat, magnumque novas per inane figuras fortun non arte, regi : quæ Numina ſenſu ambiguo vel nulla putat, vel neſcia noſtri. Abſtulit hunc tandem Rufini pœnat umultum, abſolvitque Deos. Jam non ad culmina rerum injuſtos creviſſe queror : Ut lapſis graviore
Depuis Conſtantin même, & ſous les enfans de Théodoſe, il y a des exemples de ces blasphèmes Poëtiques, & de cette profane liberté. Si Rufin n'eût été puni de ſes crlmes, on alloit appeller les Dieux en Juſtice, comme fauteurs & complices de Rufin : Un de nos Poëtes a dit je ne ſçay quoi de ſemblable ; mais en vérité d'une excellente maniére, & ſa copie paſſe tous ſes originaux, &c. 1234567890. §[ffl ſſl ſſi ffi

ABCDEFGHIJKLMNOPQRSTVUWXYZÆ.

ABCDEFGHIJKLMNOPQRSTVUWXYZÆ.

COLLONEL CURSYF.

Ciceron menagea toûjours Dolabella le plus doucement qu'il put. Il avoit ſans doute plus d'habiletéque de fermeté, & il voioit que le parti de Pompée ſe ruïnoit de plus en plus par les continuelles victoires de Jules Céſar. Il craignoit apparemment que le vainqueur ne ceſſât enfin d'uſer de clémence, & ne ſe dé de ceux qui avoient à l'ame républicaine, avec des talens capables de le traverſer. Te intuens, Dolabella, qui es mibi carimus, non poſſum de utriusque veſtrum

Æ A B C D E G H I J K L M N O P Q R S T U V W X T Z

J O L Y R O M Y N.

Ce ne fut pas encore tout ce que les Athéniens y perdirent. B B. Une autre Flotte de cinquante voiles qu'ils envoyoient au ſecours de leurs gens aſſiégés, entra dans une des bouches du Nil fort peu de tems après que la place eut été rendue, dans le deſſein d'aller les dégager, ne ſachant encore rien de ce qui étoit arrivé. A peine y étoit elle entrée, que la Flotte de Perſe qui tenoit la me vint l'y attaquer par derriére, pendant que l'Armée lui faiſoit des décharges de traits de deſſus les bords de la Rivière. Il n'en échappa que quelques Vaiſſeaux, qui percérent au travers de, &c.

ABCDEFGHIKLMNOPQRSTUVWXYZJÆ ç ç

ABCDEFGHIKLNOPQRSTUVWXYZJÆ 1234567890.

J O L Y C U R S Y F.

Ce ne fut pas encore tout ce que les Athéniens y perdirent. B. B. Une autre Flotte de cinquante voiles qu'ils envoyoient au ſecours de leurs gens aſſiégés, entra dans une des bouches du Nil fort peu de tems après que la place eut été rendue, dans le deſſein d'aller les dégager, ne ſachant encore rien de ce qui étoit rien arrivé. A peine y étoit elle entrée, que la Flotte de Perſe qui tenoit la me vint l'y attaquer par derriére, pendant que l'Armée lui faiſoit des décharges de trait s de deſſus les bords de la Rivière. Il n'en échappu que quelques Vaiſſeaux, qui percédent au, &c. ....

ABCDEFGHIKLMNOPQRSTVWXYZÆJ ſſiſbſiſſſt & ſt a œ ù

NOMPAREL ROMYN.

Ce mouvement aiant ôté aux Alliés toute espérance de pouvoir combattre, il fut résolu de bombarder l'Ennemi. On exécuta cette résolution dès le meme soir. Les Danois en firent de meme à l'aide de seize Mortiers. Cette manière de faire la Guerre n'étoit pas du goût du Roi. On apprit qu'on se tourmentoit en vain, & qu'il n'y avoit pas moyen d'attaquer, l'Ennemi avec avantage. Cette nouvelle fit changer de résolution au Roi. Il prit ce, & æ

ABCDEFGHIJKLMNOPQRSTUVWXYZÆ 1234567890

abcdefghijklmnopqrstuvwxyz. ABCDEFGHIJKLMNOPQRSTUVWXYZÆ

NOMPAREL CURSYF.

Ego vero quum ceteros Romanos omnes amicos habere expeto, tum præsertim te, C. Fabrici, quem inter ceteros civili militarique virtute præstantissimum esse judico Unum desse tibi indignor, quod, re familiari angustiore utens, debitum magnis viris splendorem tueri minime potes. Sed hanc fortunae injuriam ego diutius tibi molestam esse non patiar, daboque auri arhentique facti & infecti eam copiam, qua ditissimorum quorumque census facie vincas. Hoc enim in primis fortunaeque meae, &c. ú ñ ü m̃

abcdefghijklmnopqrstuvwxyz. áéióñ àèìòù âêîôû äëïöü āēīōūm̃ñ

[ABCDEFGHIJKLMNOPQRSTUVWXYZÆ]

(&ææſtſiſlſſſſſiſſiſſlſbſhçç;:;!?)*

PAREL ROMYN.

Dès que les Satyres de L. Sectanus eurent été répandues dans le Public, elles y produisirent l'effet qu'on devoit naturellement en attendre. La malignité ordinaire au cœur humain fait presque toûjours recevoir avec empressement ces sortes d'Ouvrages, pour peu qu'il y ait de sel & d'esprit. On les lit avec avidité. Chacun y entend finesse. On y reconnoit Totaque victori tellus inventa pateret: Præbebat longam, nugari certa, querelam bellua. Cognati nimirum gentibus illis, Dissimilesque parum, vexabt hospidis æes similoli; &c. densis miscebat omnia turmis, pejores mutilis cantoribus, & parasitis. Quid fieret? Nugas & ludicra ferret Iberus? Sed non ad cædem visum est sævire. Quid ergo? 1234567890.

abcdefghijklmnopqrstuvwxyz. ſiſi ffiffl ffiffl ſtſſſlſt (*†) [§] ſbſh

āēīōūm̃ñ ęę çęç âêîôû äëïöü?'!;- áéíóú àèìòù

ABCDEFGHIJKLMNOPQRSTVUWXYZÆ.

ABCDEFGHIJKLMNOPQRSTVUWXYZÆ.

PAREL CURSYF.

Parmi les Manuscrits de Mr. le Conseiller Ranchin, il y en a un de Martinus Polonus de gestis Pontificum & Imperatorum; sur lequel on fait cette Note: Lexemplaire est beau, & il y est parlé de la Fable de la Papesse Jeanne; mais j'en ai un autre exemplaire, dont le caractère paroît encore plus ancien, où il n'en est fait aucune mention. Je ne parlerai plus que d'un Manuscrit de la Bibliothèque du Louvre, intitulé: Thesaurus Regiæ Franciæ, acquisitionis Terræ Sanctæ de ultra mare, nec non sanitatis corporis ejus, & vitæ ipsius prolongationis, ac eti am cum custodia propter venenum. Le Manuscrit paroît original. L'Auteur se nomme, & marque le temi auquel il a écrit, dans une espèce de Préface, que l'on rapporte: 1234567890

abcdefghijklmnopqrstuvwxyz æœſſiſlſſſtſſſſlſhſk [§] (*) †!;.

ſbm̃āēīōūñ âêîôû äëïöü áéíóú àèìòù

ABCDEFGHIJKLMNOPQRSTUVWXYZÆ

ROBYN ROMYN.

Sur-tout, nul secret plus infaillible pour se faire estimer des ignorans & des sots, qu'un usage industrieux des Termes & des Figures de la Géometrie. A coup sûr ceux, qui n'y entendront rien seront les prémiers à vous prôner. Apprenez vîte Euclide! Allons, tâchez de nous parler de Diagonales, de Tangentes, de Sécantes, de Prisme, de Parallèles, de Rhombes, de Polygone, de Cylindres. Si ce Jargon vous effraye, évertuez-vous du moins à barbouiller un peu de papier. Tracez y des figures. Artibus his asinos capies, cerebrique minores tu quoque, perpetuo quorum celebrabere, bombo, &c. Quam late genus hoc citra Alpes regnat & ultra. Quin properas igitur potioribus addere libris Euclidem? Satis est, si magna vocabula discas; & diagonales, tangentes, atque secantes, 1234567890.

abcdefghijklmnopqrstuvwxyz&ææſiſlæœffiffl āēīōūſſſh ſtſſſſlſiſſiſſl (†)* [§]

ABCDEFGHIJKLMNOPQRSTUVWXXZ àèìòù ſb âêîôû àèìòù

ABCDEFGHIJKLMNOPQRSTVUWXYZÆ ęç

DIAMANT ROMYN.

Eclaircissons ceci autant qu'il sera possible par la narration de Mr. de Puffendorf. Elle nous apprend la ruse qu'Annibal Seested emploia pour empêcher que le Comte ne se rétablit en Suede, & ne jouït du revenu de ses biens. Il persuada au Roi son Maitre qui l'envoioit en Suède de lui donner ordre de recommander aux Senateurs la cause du Comte. Il s'imagina que par ce moyen il le rendroit plus suspect; car on accusoit le prisonnier d'una trahison complotée pour le Roi de Dannemarc; rien n'étoit donc plus propre à le faire paroître coupable que l'intercession de ce Roi. Cette ruse de Seested tomba par terre: les Suédois n'y prirent point garde, & ne voulant pas examiner les choses à la rigueur après la fin de la guerre, & après la mort du Roi, ils déclarérent absous le Comte Ulefeld. 1234567890?!§§

æ œ & ſiſlſſſt ffiffl ſtſſſlſſſiſſl ſſh ęç ęę ° ſb ſbſh [*] (°) ffiffl

abcdefghijklmnopqrstuvwxyz âêîôû áéíóú àèìòù

ABCDEFGHIJKLMNOPQRSTUVWXYZÆ

ABCDEFGHIJKLMNOPQRSTUVWXYZÆ

Dubbelde Text Griekſe Capitaalen.

ΑΒΓΔΕΖ
ΗΘΙΛΞΠΡ
ΣΥΦΧΨΩ

Dubbelde Mediaan Griekſe Capitaalen.

ΑΒΓΔΕΖΗΘ
ΙΚΛΜΝΞΟΠ
ΡΣΤΥΦΧΨΩ

Dubbelde Deſcendiaan Griekſe Capitaalen.

ΑΒΓΔΕΖΗΘΙΚΛΜ
ΝΞΟΠΡΣΤΥΦΧΨΩ

Dubbelde Brevier Griekſe Capitaalen.

ΑΒΓΔΕΖΗΘΙΚΛΜ
ΝΞΟΠΡΣΤΥΦΧΨΩ

Text Grieks.

Ἵνα πληρωτῇ ὁ λόγος ὃν εἶπεν. Ὅτι οὓς δέδωκάς μοι, οὐκ ἀπώλεσα ἐξ αὐτῶν οὐδένα. Σίμων οὖν Πέτρος ἔχωνμάχαιραν, εἵλυπέκσεν αὐτήν, καὶ τὸν τὸ ἀρχιερέως δοῦζητειτε ἄφετε τὸ ὑπάγειν, καὶ ἀπέκοψε αὐτοῦ τό δεξιόν δυλῳ, τῷ ποτήριον ὃ δέδωκε μοι ὅσε-
ύ-ῆ.ὶ-ή-ῆ ὑ ΐ ύ ΐ ί ΰ ὺ ῆ ΰ, ῖ.ῖ, ῖ ύ ὕ έ ὐ ὑ ὐ ὑ ὐ ὐ ά ἔ.

Auguſtyn Griex.

Καὶ λέγων. Κύριε, ἐλέησόν μου τὸν ὑιὸν, ὅτι σεληνιάζεται, καὶ κακῶς πάσχει. πολλάκις γὰρ πίπτει εἰς τὸ πῦρ, καὶ πολλάκις εἰς τὸ ὕδωρ. Καὶ προσήνεγκα αὐτὸν τοῖς μαθηταῖς σου, καὶ οὐκ ἠδυνήθησαν αὐτὸν θεραπεῦσαι. Ἀποκριθεὶς δὲ ὁ Ἰησοῦς, εἶπεν. Ὦ γενεὰ ἄπιστος καὶ διεστραμμένη ἕως πότε ἔσομαι μεθ' ὑμῶν ἕως πότε ἀνέξομαι ὑμῶν; Φερετέ μοι αὐτὸν ὧδε. Καὶ ἐπέτιμησεν αὐτῷ ὁ Ἰησοῦς, καί

Mediaan Griex.

Βασίλισσα νότου ἐγερθήσεται ἐν τῇ κρίσει μετὰ τῶν ἀνδρῶν τῆς γενεᾶς ταύτης, καὶ κατακρινεῖ αὐτούς· ὅτι ἦλθεν ἐκ τῶν περάτων τῆς γῆς ἀκοῦσαι τὴν σοφίαν Σολομῶντος· καὶ ἰδού, πλεῖον Σολομῶντος ὧδε.

Ἄνδρες Νινευὶ ἀναστήσονται ἐν τῇ κρίσει μετὰ τῆς γενεᾶς ταύτης, καὶ κατακρινοῦσιν αὐτήν· ὅτι μετενόησαν εἰς τὸ κήρυγμα Ἰωνᾶ· καὶ ἰδού, πλεῖον Ἰωνᾶ ὧδε. οὐδεὶς δε λύπνον ἀθῖες κρυπτὴν τίφησιν, οὐδε ὑφό τον μόδιον Αλλα ἐτῖ τὴν λυκνίαν Ινα Νόι Σὸκραες γαιρεθεῖν

Deffendiaan Griex.

Καὶ λέγων. Κύριε, ἐλέησόν μου τὸν υἱὸν, ὅτι σεληνιάζεται, καὶ κακῶς πάσχει· πολλάκις γὰρ πίπτει εἰς τὸ πῦρ, καὶ πολλάκις εἰς τὸ ὕδωρ. Καὶ προσήνεγκα αὐτὸν τοῖς μαθηταῖς σου, καὶ οὐκ ἠδυνήθησαν αὐτὸν θεραπεῦσαι. Ἀποκριθεὶς δὲ ὁ Ἰησοῦς, εἶπεν· Ὦ γενεὰ ἄπιςος καὶ διεςραμμένη, ἕως πότε ἔσομαι μεθ' ὑμῶν ἕως πότε ἀνέξομαι ὑμῶν; Φερετέ μοι αὐτὸν ὧδε· Καὶ ἐπέτιμησεν αὐτῷ ὁ Ἰη-
ΑΒΓΔΕΖΗΘΙΚΛΜΝΞΟΠΡΣΤΥΦΧΨΩ.

Garmond Griex.

Καὶ λέγων. Κύριε, ἐλέησον μου τὸν υἱὸν, ὅτι σεληνιάζεται, καὶ κακῶς πάσχει· πολλάκις γὰρ πίπτει εἰς τὸ πῦρ, καὶ πολλάκις εἰς τὸ ὕδωρ. Καὶ προσήνεγκα αὐτὸν τοῖς μαθηταῖς σου, καὶ οὐκ ἠδυνήθησαν αὐτὸν θεραπεῦσαι. Ἀποκριθεὶς δὲ ὁ Ἰησοῦς, εἶπεν· Ὦ γενέα ἄπιςος καὶ διεςραμμένη, ἕως πότε ἔσομαι μεθ' ὑμῶν ἕως πότε ἀνέξομαι ὑμῶν; Φερετὲ μοι αὐτὸν ὧδε; Καὶ ἐπετίμησε αὐτῷ ὁ Ιησοῦς, καί ἐξῆλθε ἀπ' αὐτοῦς
ΑΒΓΔΕΖΗΘΙΚΛΜΝΞΟΠΡΣΤΥΦΧΨΩ

Brevier Griex.

9 Ἵνα πληρωθῇ ὁ λόγος ὃν εἶ-πεν. Ὅτι οὓς δέδωκάς μοι, [e] οὐκ||ἀπώλεσα ἐξ αὐτῶν οὐδένα. 10 [f] Σίμων οὖν Πέτρος ἔχωνμάχαιραν, εἵλυ πέκσεν αὐτὴν, καὶχισε τὸν το ἀρχιερέως δοῦ-ῦζητεῖτε, ἄφετε το ύτους ὑπά-γειν. λον, καὶ ἀπέκοψεχὐτοῦ τὸ ὠ-τὸ δεξιόνἦο. τίοννδύλῳ ||ν δὲ ὄνομα [g] τῷος. άΜλχ 11 Εἶπεν οὖν ὁ ἸησοέῷΠτ-ῦςτρῳ. Βάλετ μάχαιράν [h] σου|| εἰς θήν τήκην. τὸ ποτήριον ὃδέ-δωκέ μοι ὁ πατὴρ, οὐ μὴ πίωαὐτό; 12 Ἡ οὖν σπεῖρα καὶ ὁ χι-λίαρχος καὶ οἱ ὑπηρέτα τῶνἸουδαίων συνέλαβον τὸν Ἰησοῦν, καὶ ἔδησαν αὐτόν. 13 Καὶ [i] ἀπήγαγον || αὐτὸνπρὸς Ἄνναν πρῶτον· ἦν γὰρ πεν-θερὸς τοῦ Καϊάφα ἢ ὃς ἦν ἀρχιε-ρεὺς τοῦ ἐνιαυτοῦ ἐκείνου. 14 Ἦν δὲ [k] Καϊάφας ὁ συμ-συμφέρει ἕνα ἄνθρωπον [l] ἀπολέ-σθαι|| ὑπὲρ τοῦ λαοῦ [m].
ΑΒΓΔΕΖΗΘΙΚΛΜΝΞΟΠΡΣΤΥΦΧΨΩ,

Collonel Griex.

Καὶ λέγων. Κύριε, ἐλέησόν μου τὸν υἱὸν, ὅτι σεληνιάζεται, καὶ κακῶς πάσχει· πολλάκις γὰρ πίπτει εἰς τὸ πῦρ, καὶ πολλάκις εἰς τὸ ὕδωρ. Καὶ προσήνεγκα αὐτὸν τοῖς μαθηταῖς σου, καὶ οὐκ ἠδυνήθησαν αὐτὸν θεραπεῦσαι. Ἀποκριθεὶν δὲ ὁ Ἰησοῦς, εἶπεν. Ὦ γενεὰ ἄπιςος καὶ διεςραμμένη, ἕως πότε ἔσομαι μεθ' ὑμῶς ἕως πότε ἀνέξομαι ὑμῶν; Φερετέ μοι αὐτὸν ὧδε. Καὶ ἐπετίμησεν αὐτῷ ὁ Ἰησοῦς, καὶ ἐξῆλθεν ἀπ' αὐτοῦ τὸ δαιμόνιον· καὶ ἐθεραπεύθη ὁ παῖς ἀπὸ τῆς ὥρας ἐκείνης. Τότε προσελθόντες οἱ μαθηταὶ τῷ Ἰησοῦ κατ' ἰδίαν, εἶπον. Διατί ἡμεῖς ουκ ἠδυνήθημεν ἐκβαλεῖν αὐτὸ; Ὁ δὲ Ἰησοῦς εἶπεν αὐτοῖς. Δία τὴν ἀπιςίαν ὑμῶν· ἀμὴν γὰρ λέγω ὑμῖν, ἐαν ἔχητε πίςιν ὡς κόκκον σινάπεως, ἐρεῖτε τῷ ὄρει τούτῳ. Μετάβηθι ἐντεῦθεν ἐκεῖ, καὶ μεταβήσεται· καὶ οὐδὲν ἀδυνατήσει ὑμῖν. Τοῦτο δὲ τὸ γένος οὐκ ἐκπορεύεται, εἰ μὴ ἐν προσευχῇ καὶ νηςείᾳ. Αναςρεφόμενων δὲ αὐτῶν ἐν τῇ Γαλιλαίᾳ, εἶπεν αὐτοῖς ὁ Ἰησους. Μέλλει ὁ υἱὸς ἀνθρώπου παραδο
ΑΒΓΔΕΖΗΘΙΚΛΜΝΞΟΠΡΣΤΥΦΧΨΩ.

Text Arabis.

كُلُّ شَيْ أَفَابِهُ مِنْ جِنْسِهِ حَتَّي ٱلْحَدِيد
ٱلْحَدِيدُ عَلَيْهِ بِٱلْمَبْرَدِ بِٱلْحَدِيدِ يُفْلَخ
ٱلْفَلْخ هُوَ رَمْنُهُ ٱلسَّنْو وَلَاحَةُ ٱلْأَرْض ۞

Text Maleits.

برمول بكند اين قرلال عالم كڤد ممباچ تران
دان تفسير ن اد كتاب دان نقه استميو
حكاية باكي دكتوبين ادثون ثكرجانن
بتكال ثاكي هاري مك بكند مماكي ثكين
ثنوبت در ثد سربان دان جبة دان سروال
دان كبي مك بكند ثون

Auguſtyn Romyn Maleits.

Tatkâ 'ìtu bangonah 'ija 'ìni dengan menantuw p nja parampuwan, dan pûangah deri pada pâdang p an Maw'âb: kârana teàh dedengarnja dâam pâdang Maw'âb, bahuwa ſudah dekondjongkan

dl dj dz tſ nj dj ch ſj gh kh ts kh ꭓ hh lh th g ' p

DL TJ TS TL ꭓ DJ HH NG DZ SJ CH TZ GH

Brevier Romyn Maleits op Garmond Corpus.

6 Tatkâa 'ìtu bângonah 'ija 'ìni dengan menantuw p nja parampuwan, dan pûangah deri pada pâdang p an Maw'âb: kârana teàh dedengarnja dâam pâdang Maw'âb, bahuwa ſudah dekondjongkan Huwa 'âkan khawmnja, dengan memberij raw tij pada marika 'ìtu.

hh kh kh ſj ſj th th p tz z tſ tſ tl l b k ch m n ng dz dz nj dj dj ſ f r p g gh

DJ SJ Ä A DL D TH È CH GH KH L HH Ñ R Û TZ W TS TL DZ

Paragon Hebreeuws.

עורי ירושלי עורי כל בגרי תפארתך
לבשי עורי ציון מעוזך לבשי מן עפרך
התנערי קומי ירושלים קומי שביה בת
ציון קומי נתקן מוסרי צוארך אורי מהר
כי בא אורך: שממות כל ישר אל פצחו
פצחי יחדו ורננו כי ניחם הר ציון יהודה

Paragon Hebreeuws met Punten.

ויאמר י יהוה אלהים הן האדם היה
כאחד ממנו לדעת טוב ורע ועתה פן
ישלח ידו ולקח גם מעץ החיים ואכל וחי
לעלם : וישלחהו יהוה אלהים מגן־עדן
לעבד את־האדמה אשר לקח משם
ויגרש את־ האדם וישכן מקדם לגן־עד

Augustyn Rabbinis.

אל מחשבת מעלת עיונו שעשה מלאכת שמים וארץ · גם מלאכיו עושי
רצונו אשר עתקו גם גברו חיל בפעלות השכלתם הכי נכבדת · הנה הגם
גבורי כח עושי דברו בהגיעם הגופים היקרים או בלכתם אנה ואנה
בשלימותו של מקום · והגלגלים אשר נשא לבם אותם בחכמה לחשוב
מחשבת בעיון על דעת שלעים וכן רבים · הלא גם הם עושי מלאכה דרך
גלגולם לרצון קונם · אם כן למה זה יעמוד ברסוק האיש הנלבב בני
האנושי בכלל וביסוד יעלים לבלתי נתון הזרע השלמית לטעמו בעיון ובמע

Text Hebreeuws. No. 1.

יהוה עד מתי עשנת בתפלת ישראל עמך׳ אל נא
השבט רשעים ינח על גורל צדיקים אל בעול בצר
להם המה ישלחו ידיהם: אל תתן כרוב מובתך
ילחת נפש עייך׳ תבוא תבוא לפניך אנקת כלי תמו
תה כי נחשבנו עם רפאים שאול תחיה יורדים: אל
תשכח לנצח יהוה למה תישן עורה הקיצה עוררה גב
ורתך הלכה לנו לישועה האירה פניך לנו שובה תהר
שביתנו :

Text Hebreeuws met Punten. No. 1.

בְּרֵאשִׁית בָּרָא אֱלֹהִים אֵת הַשָּׁמַיִם וְאֵת הָאָרֶץ׃
וְהָאָרֶץ הָיְתָה תֹהוּ וָבֹהוּ וְחֹשֶׁךְ עַל־פְּנֵי תְהוֹם וְרוּחַ
אֱלֹהִים מְרַחֶפֶת עַל־פְּנֵי הַמָּיִם׃ וַיֹּאמֶר אֱלֹהִים יְהִי
אוֹר וַיְהִי־אוֹר׃ וַיַּרְא אֱלֹהִים אֶת־הָאוֹר כִּי־טוֹב וַיַּ
בְדֵּל אֱלֹהִים בֵּין הָאוֹר וּבֵין הַחֹשֶׁךְ׃ וַיִּקְרָא אֱלֹהִים
לָאוֹר יוֹם וְלַחֹשֶׁךְ קָרָא לָיְלָה וַיְהִי־עֶרֶב וַיְהִי־בֹקֶר יוֹם
אֶחָד׃

Mediaan Rabbinis Hoogduyts.

דאט גיביסן דאז קעצלין : די דאז האט גיגעסן דאז ליקלין : דאז האט
גיקויפֿט דאז פֿעטרלין : אום צווייא טיזוג פֿעניג : מיין ליקלין : קאם
אויגר ליבר העק גאט : אונ׳ טעפֿט דען אזאך האוה : דער דאז האט
גישעכט דען טוחט : דיעק האט גישעכט דען אקסן : דיער האט
גיטרונקן דאז וואסרלין : די דאז האט פֿר לעשט דאז פֿייארלין : די דאז
האט פֿר ברענט דאז שטעקלין : די דאז האט גישלאגן דאז הינטלין : די
דאז האט גביסן : דאז קעצלין : די דאז האט גיגעסן דאז ליקלין : די דאז
האט גיגעסן ליקלין : די דאז האט גיקויפֿט דאז פֿעטרלין : אום צווייא
טיזוג פֿעניג : מיין ליקלין מיין ליקלין :

E

Text Hebreeuws No. 2.

אנה שובי השולמיח שובי שובי אלי ומשכיני אחרך ארוצה
לרית שמניך כולך יפה רעיתי אוין מום בך לבבתיני באח
מעיניך באחר ענק מצוארוניך יונתי שבחגוי הסלע מראך
הראיני נא כי מראך נאוה והשמי עיני קולך כי ערב א חות
תשקיני נשיקות פיך כי מובים דודיך מובים מיין ריח שלמ
יך מכל בשמים : כלתי שימיני נא על לבך כחותם וכח
ותם על ורועך כי עוה כמות האהבה קנאה קשה כשאול

Text Hebreeuws met Punten No. 2.

אלה תולדות השמים והארץ בבראם ביום עשות יהוה
אלהים ארץ ושמים : וכלי שיח השדה מרם יהיה בא
רץ ובל־עשב השדה טרם יצמח כי לא המטיר יהוה אל
הים על־הארץ ואדם אין לעבד את־האדמה : ואר יעלה
מן־הארץ והשקה את־כל־פני האדמה : וייצר יהוה אל־
הים את־האדם עפר מן־האדמה ויפח באפיו נשמת ה
דתקפת דראט לפרום אה וויסתפ : כלייא אטורגאת

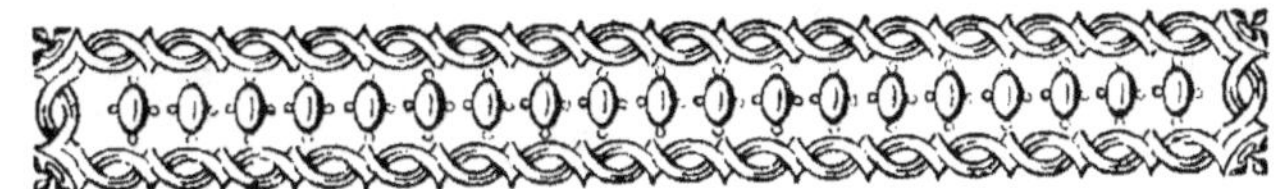

Garmond Rabbinis.

אלסגיא בפעלות השכלות עצמו המעולה שבכעולת השכליות · והא ראשית לו לד
רך אל מחשבת מעלת עיוכו טעשה שלאכת שמים וארץ · גם מלאכיו עושי רצוכו
אשר עתקו גם גברו חיל בפעלות השכלתם הכי נכבדת · הכה הגם גבורי כח עו
סו דברג בהביעם הגופים היקרים או בלכתם אנה ואנה בשליחותו של מקום ·
והגלגלים אשר כשא לגם אותם בחכמה לחשוב מחשבת בעיון על דעת שלמים וכן
כבים · הלא גם הם עושי מלאכה דרך גלגולם לרצון קונם · אם כן למה זה יעמוד
ברחוק האיש הכלבב בכי האגושי בכלל וביחוד יעלים לבלתי כתון הזרע השלמות
לעצמו בעיון והמעשה הן האדם היה בל ספק כאחד מהם · לדעת טוב במיון ובמ
עשה אפם כי לא תהי תפארתו שלימה מבלעדיהם · אך לא לאדם דרכו להגיע גב
ולות מעשים כאוצים ממראה עיני אשר יראה · רק כאשר ישית עליו בעל התו

Kleine Paragon Romyn.

Lors qu'Aspaſie étoit concubine d'Artaxerxès. On ne ſauroit lui donner moins de vingt ans à la mort de Cyrus: elle avoit donc ſoixante - quinze ans lors qu'un nouveau Roi la demande comme une grace particuliere. z'ARUV

ABCDEFGHIJKLMNOP
QRSTUVWXYZÆ.

Kleine Paragon Curſyf.

Aspaſia, qui eſtoit fort âgée, & toutesfois très-belle, qui avoit eſté putain de ſon feu frere. Darius ſon fils en devint ſi fort amoureux, tant elle eſtoit belle nonobſtânt l'âge, qu'il

ÆABCDEFGHIKLNOP
Q R S T V W X Y Z U J

1 2 3 4 5 6 7 8 9 0

Kleine Text Romyn.

Le Pape envoia des Députez au Duc de Baviere, & lui écrivit que ſon intention étoit que ſi Virgile étoit Prêtre, on le dégradât du Sacerdoce, & qu'on l'envoiât á Rome pour y &c ;:?!(§¶†]
ABCDEFGHILMNOPQRTW
XYZÆJU ABCDEFGHIKLNOPQ
RSTVWXYZUJÆ 1234567890

Kleine Text Curſyf.

Nam mihi ſane diteſcendi opportunitates præclares reſpublica bene geſta præbuit, quum alias ſaepe, tum vero maxime ante hoc quadriennium, quando in Samnites, Lucanos, Bruttiosque conſul cum & &t ? ? ! ! ſſl
ABDEFGHIKLMNOPQRS
VWXYZ ÆUJ

Kleine Auguſtyn Romyn.

Le traître dont parle Suger étoit un homme que le Roi d'Angleterre avoit comblé de bienfaits, & qui ne laiſſa pas de s'engager dans une conſpiration contre ſon maître; il en fut quitte pour ſon ſexe & pour ſes yeux, & n'en fut point pendu ainſi qu'il le méritoit. Ç Ā ¶ § ℣
ÆBCDEFGHIJLMNOPQRSTUV
WXYZ 1234567890 ⁄ ẏ ú ą́ ħ Ō É ℞ *
ABCDEFGHIJKLMNOPQRSTUVWXYZÆ

Kleine Augustyn Cursyf.

Et que cela fût jugé indigne de la gravité & de la Majesté d'un Roy: d'autant plus que la chose se faisoit publiquement & devant un grand monde. L'action de César, accompagnée de toutes ces circonstances, n'est pas plus favorable que celle des François qui eut très-peu de spectateurs: ffl ssl

ABDFGHILMNOPQRSTVWX
YZÆUJ &ct ã ẽ ĩ õ ñ m̃

Kleine Mediaan Romyn.

Quæ omnia, & quod deinceps adjecturus sum, variis ab auctoribus tradita, conquiri exponique non inconveniens nec inutile judicavi: quo virorum, quibus fulta res Romana per durissimos casus ad imperii gloriaeque incomparabilem magnitudinem pervenit,

ABCDEFGHILMNOPRSTVWXYZ
JUÆ 1234567890 ℞ ? ℣ † * ssœst&ct
[ABCDEFGHIKLMNOPQSTVWXYZJUÆ) Nº

Kleine Mediaan Cursyf.

Quare cum ista paupertate mea, & aliis opulentissimis hominibus, & te quoque ipso me copiosiorem esse judicio. Nam ego tantum habeo, ut plus non desiderem: tu, nisi Epirum & cetera, quae tenes, possidens in opem te esse crederes, in Italiam trajecisses? Sed pulchram facultatem beneficia hominibus dandi praestat opulentia: ego per inopiam subvenire queo nemini. m̃ ũ

ABCDEFGHILMNOPQRSTVWXYZ
*ÆJU sb & ct æ œ ssl ffl ssi ffi ę ç [ ] ? ; ; ! ! * : **

Groote Canon Duyts.

Eer voed Konst. Keyzer Carolus Magnus zette eens zyn Kroon op den Bybel / geevende daar mede te kennen desselfs groote ach-ting voor dat Boek.

A D F G H I L M N O P Q R S T U V W Y Z &c.

Deeze bovenstaande Canon Duyts is in 't Jaar 1748 op nieuw gesneden, en overtreft, zo wy meenen, zeer verre in fraayheyd de Plantynse, dewelke tot hier toe bekend en in gebruyk is geweest.

Kleyne Canon Duyts.

Jck hebbe knechten te paerde gesien: ende Vorsten/ gaende/ als knechten op de aerde. Wie eenen kuyl graeft/ sal daer in vallen: ende wie eenen muur door-breeckt/ een slange sal hem bijten.

A B C D E F G H J
K L M N O P Q R S
T V W X Y Z &c.

1 2 3 4 5 6 7 8 9 0 ; : . ! ?

Deeze bovenstaande Kleyne Canon Duyts is in 't Jaar 1749 nieuw gesneden, is nooyt voorheen op eenige Gieteryen te zien geweest, zynde deeze de eerste Kleyne Canon Duyts, die het licht ziet, zo dat in deeze Gietery de Nederduytse Schriften alle door eene en dezelfde hand gesneden zyn.

Paragon Duits.

Maer na sommige dagen sprack Paulus tot Barnabas: Laet ons wederom trecken/ En onse Broeders besoecken door Alle steden / In welcke wy des Heeren Woord verkondigt hebben hoe sy sich houden. CDEFGKLN OPQRSTUVXYZ.

Text Duits.

Seneca zegt: De Vryheid schuild onder het Riet en Stroo; en de Slavernije onder Goud en Marmer.

Possidonius zegt: Een dag onder den Wijzen duurt langer als den gantschen Ouderdom van een Dwaas.

ABCDEFGHIKLMNO
PQRSTVUWXYZ. 17$\frac{7}{13}$46.

abcdefghijklmnopqrzſs
tvuwxyz ÿ;-= [ë] !/:.(?)

Augustyn Duyts.

Ende een seker man/ die kreupel was
van sijns moeders lijve/ wiert gedragen:
welcken sy dagelicks setteden aen de deure
des Tempels/ genaemt de Schoone/ om
een aelmoesse te begeeren/ van de gene die
in den Tempel gingen. Welcke Petrum
ende Joannem siende/ als sy in den Tempel
souden ingaen/ badt dat hy een aelmoesse
mochte ontfangen. Ende Petrus sterck op
hem siende/ met Joanne/ seyde/ Siet op
ons. Ende hy hielt [de oogen] op haer/
verwachtende dat hy yet van haer soude
ontfangen. Ende Petrus seyde/ Silver

ABCDEFGHIKLMNO
PQRSTUVWXYZ : ff ſſ ſt

Mediaan Duyts.

1 In den beginne schiep Godt den hemel/
ende de aerde. 2 De aerde nu was woest ende
ledigh/ ende duysternisse was op den afgront:
ende de Geest Godts sweefde op de wateren.
3 Ende Godt seyde: Daer zy Licht: ende daer
wert Licht. 4 Ende Godt sagh het Licht/
dat het goet was: ende Godt maeckte schey-
dinge tusschen het Licht/ ende tusschen de
Duysternisse. 5 Ende Godt noemde het Licht
Dagh/ ende de Duysternisse noemde hy Nacht:
Doe was het avont geweest/ ende het was morgen geweest/ de eerste Dagh.

ABCDEFGHIKLMNOPQRST
UVWXYZ & 1234567890'=,
abcdefghijklmnopqrꝛſstuvwxyz.

$\frac{1}{8}\ \frac{1}{2}\ \frac{1}{4}\ \frac{3}{4}\ \frac{3}{8}\ \frac{5}{8}\ \frac{1}{16}\ \frac{7}{16}\ \frac{9}{16}$

Deſcendiaan Duits.

1 Daer na ſprak de HEERE tot Moſe/zeggende:
2 Siet/ ick hebbe met name geroepen Bezaleël/
den ſone Uri/ des ſoons Hur/ van den ſtamme Juda.
3 Ende ick hebbe hem vervult met den Geeſt Go-
des/ met wijſheyt/ ende met verſtant/ ende met we-
tenſchap/ namentlick in alle hantwerck.
4 Om te bedencken alle vernuſtigen arbeyt: te
wercken in gout/ ende in ſilver/ ende in koper.
5 Ende in konſtige ſteenſnijdinge/ om te wercke in
alle hantwerck.
6 Ende ick/ ſiet/ ick hebbe hem bygevoeght Aho-
liab den ſone Ahiſamach van den ſtamme Dan/ ende
in't herte eens yegelicken die wijs van herten is/ hebbe ick wijſheyt gegeven: ende ſy ſullen maken al wat
ick u geboden hebbe.

A B C D E F G H I K L M N O P Q R S T V U
W X Y Z Æ 1234567890 ſſſſſlſlgëïſiſi [] † * (); ? - =

Garmond Duyts.

Als Themiſtocles uyt Athenen/ en daar na uyt geheel Griekenland gevamen zynde/ tot den Koning van Perzen gekomen was/ is hy van hem zeer ryk gemaakt geworden. Daar na de heerlyke gaven/ waar meede hy van den Koning vereert was geworden/ inſiende/ zeyde hy/ o! kinderen wy zouden verlooren zyn/ indien wy niet verlooren hadden geweeſt. a b c d e d f g h i j k l m n o p q r z ſ s t u v w x y z

A B C D E F G H I K L M N O P Q R S T V U W X
Y Z Æſſſſiſlſiſlſlſi =-/;:? [] () †!*

Brevier Duyts.

En als hy na Macedonien geſonden hadde twee van de gene/ die hem dienden/ [namelyk] Timotheum en Eraſtum/ bleef hy ſelve eenen tyt [langh] in Aſien. Maar op dien tyt ontſtont daar geen kleyne beroerte van wegen den wegh des Heeren. Want een met name Demetrius/ een ſilverſmit/ die kleyne ſilvere tempelen van Diana maakte/ bracht dien van die konſte geen kleyn gewin toe. Welke hy t'ſamen vergadert hebbende/ met de handwerkers van diergelyke dingen/ ſeyde hy/ Mannen/ gy weet/ dat wy uyt dit gewin onſe welvaart hebben: Ende gy ſiet ende hoort/ dat deſe Paulus veel volk niet alleen van Epheſen/ maar ook byna van geheel Aſien overredet en afgekeert heeft/ ſeggende/ dat het geen Goden zyn/ die met handen gemaakt worden.

A B C D E F G H I K L M N O P Q R S T V U W X Y Z

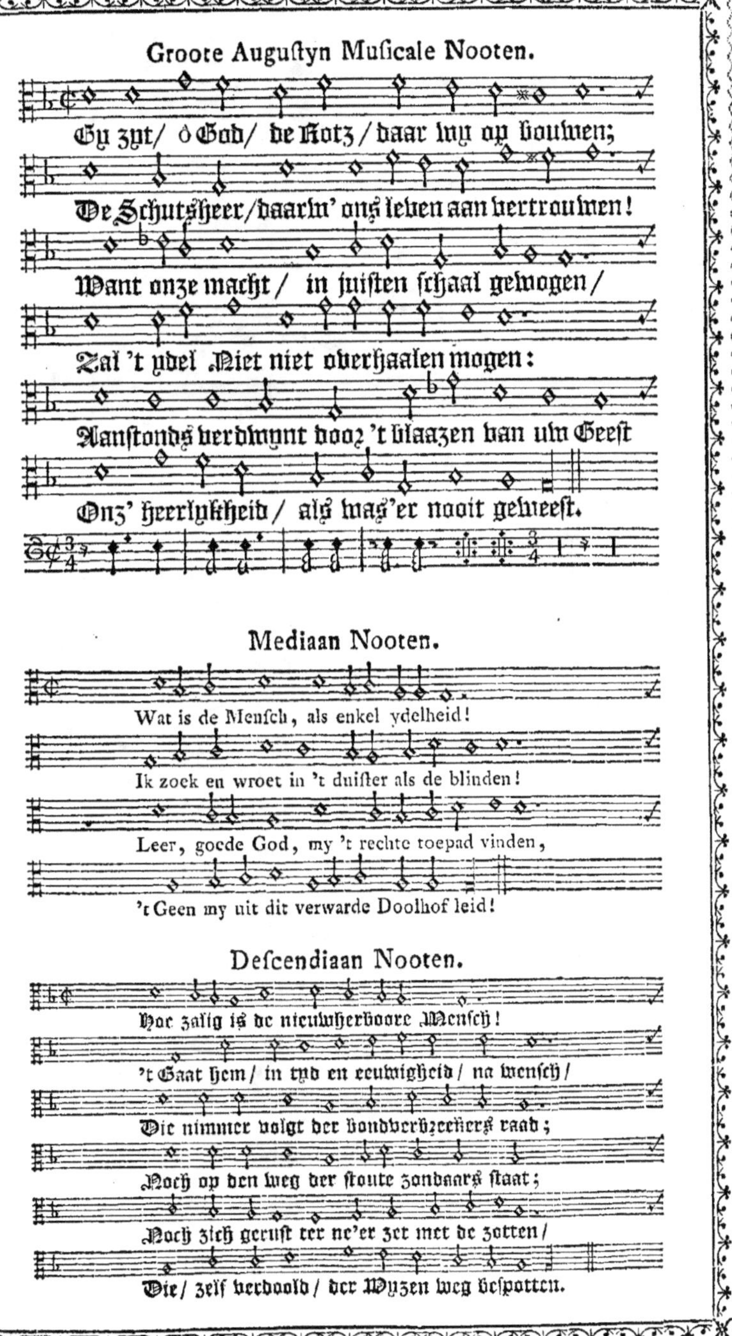
Groote Augustyn Musicale Nooten.
Gy zyt/ ô God/ de Rotz/ daar wy op bouwen;
De Schutsheer/ daarw' ons leven aan vertrouwen!
Want onze macht/ in juisten schaal gewogen/
Zal 't ydel Niet niet overhaalen mogen:
Aanstonds verdwynt door 't blaazen van uw Geest
Onz' heerlykheid/ als was'er nooit geweest.
Mediaan Nooten.
Wat is de Mensch, als enkel ydelheid!
Ik zoek en wroet in 't duister als de blinden!
Leer, goede God, my 't rechte toepad vinden,
't Geen my uit dit verwarde Doolhof leid!
Descendiaan Nooten.
Hoe zalig is de nieuwherboore Mensch!
't Gaat hem/ in tyd en eeuwigheid/ na wensch/
Die nimmer volgt der bondverbreekers raad;
Noch op den weg der stoute zondaars staat;
Noch zich gerust ter ne'er zet met de zotten/
Die/ zelf verdoold/ der Wyzen weg bespotten.

COLLONEL DUYTS.

Ende den volgenden dagh wiert hy van haer gezien daer ſy vochten/ ende hy drongh ſe tot vrede/ ſeggende/ Mannen/ gy zijt broeders: waerom doet gy malkanderen ongelijck? Ende die ſijnen naeſten ongelijk dede/ verſtiet hem/ ſeggende: Wie heeft u tot een Overſte ende Rechter over ons geſtelt? Wilt gy my [oock] ombrengen/ gelijckerwijs gy giſteren den Egyptenaer omgebracht hebt? Ende Moſes vluchtte op dat woort/ ende wiert een vreemdelingh in het land Madiam/ daer hy twee ſonen gewan. Ende als veertigh jaren vervult waren/ verſcheen hem de Engel des Heeren in de woeſtijne des bergs Sina in een vlammig vyer des doornboſchs.
A B C D E F G H I K L M N O P Q R S T U V X Y Z

PAREL DUITS.

Halelu-Ja. Aleph. Ick ſal den HEERE loven van gantſcher herten: Beth. in den
raet ende vergaderinge der oprechten. 2 Gimel. De wercken des HEEREN zijn groot:
Daleth. ſy worden geſocht van alle dieder luſt in hebben. 3 He. Sijn doen is majeſteyt
ende heerlickheyt: Vau. ende ſijne gerechtigheyt beſtaet in der eeuwigheyt 4. Zain. Hy
heeft ſijnen wonderen een gedachteniſſe gemaeckt: Cheth. de HEERE is genadigh ende
barmhertigh. 5 Thet. Hy heeft den genen die hem vreeſen/ ſpijſe gegeven: Jod. Hy gedenckt
in der eeuwigheyt aen ſijn verbont. 6 Caph. Hy heeft de kracht ſijner wercken ſijnen
volcke bekent gemaeckt: Lamed. hen gevende de erve der Heydenen. 7 Mem. De
wercken ſijner handen zijn waerheyt ende Oordeel; Nun. alle ſijne bevelen zijn getrouwe.
8 Samech. Sy zijn ondersteunt voor altoos [en] in eeuwigheyt. Ain. zijnde gedaen
in waerheyt ende oprechtigheyt. 9 Pe. Hy heeft ſijnen volcke verloſſinge geſonden:
Tſade. Hy heeft ſijn verbont in eeuwigheyt geboden: Koph. ſijn name is heyligh ende
vreeſlick? 10 Resch. De vreeſe des HEEREN is het beginſel der Wijſheyt: Schin.
alle dieſe doen / hebben goet verſtant: Thau. ſijn lof beſtaet tot in der eeuwigheyt.

Pſalm Cxj. A B C D E F G H I K L M N O P Q R S T U V W X Y Z

Geſneden door J. M. Fleiſchmann. 1733.

www.ingramcontent.com/pod-product-compliance
Lightning Source LLC
LaVergne TN
LVHW020045170826
845678LV00001B/445

9782329695327